Ofelia Castañeda López
Johnny Leobardo González Pérez

Um sítio WEB para as lagoas costeiras do México.

Ofelia Castañeda López
Johnny Leobardo González Pérez

Um sítio WEB para as lagoas costeiras do México.

Conceção, construção e estrutura para a transmissão de informações de diagnóstico e estudos científicos.

ScienciaScripts

Imprint

Any brand names and product names mentioned in this book are subject to trademark, brand or patent protection and are trademarks or registered trademarks of their respective holders. The use of brand names, product names, common names, trade names, product descriptions etc. even without a particular marking in this work is in no way to be construed to mean that such names may be regarded as unrestricted in respect of trademark and brand protection legislation and could thus be used by anyone.

Cover image: www.ingimage.com

This book is a translation from the original published under ISBN 978-620-2-13099-8.

Publisher:
Sciencia Scripts
is a trademark of
Dodo Books Indian Ocean Ltd. and OmniScriptum S.R.L publishing group

120 High Road, East Finchley, London, N2 9ED, United Kingdom
Str. Armeneasca 28/1, office 1, Chisinau MD-2012, Republic of Moldova, Europe
Printed at: see last page
ISBN: 978-620-3-59441-6

CONTEÚDO

DEDICAÇÃO

Ao meu filho Daniel, que foi a minha inspiração para concluir este trabalho e para ser um exemplo a seguir.

À minha companheira Sandra Nayeli que, juntamente com o meu filho Daniel, me apoiou e, com muitos sacrifícios e paciência, esperou por mim.

Aos meus pais, Leobardo González Cantero e Belem Pérez Salcedo, que sempre me apoiaram incondicionalmente, que se sacrificaram para me dar uma educação e que, com determinação e tenacidade, nunca tiraram o dedo da balança para que eu pudesse completar uma carreira profissional.

Às minhas irmãs Belem e Jenny González Pérez, que sempre estiveram dispostas e nunca hesitaram em oferecer-me o seu apoio incondicional.

Aos meus professores, que trabalharam arduamente para que os seus ensinamentos dessem frutos e fossem bem sucedidos.

Aos meus amigos, que sempre me encorajaram.

AGRADECIMENTOS

Gostaria de agradecer aos meus professores do Instituto Tecnológico de Iztapalapa e, em particular, à Lic. Orquídea Acevedo Calderón pelos seus conselhos na preparação deste trabalho.

Agradeço a Ofelia Castañeda López, diretora do CDELM, Departamento de Hidrobiologia da UAM Iztapalapa, pelas instalações que me proporcionou e pelo seu apoio para realizar a minha Residência Profissional na sua área com o desenvolvimento do desenho do sítio web.

Gostaria também de agradecer à Universidade Autónoma Metropolitana, Unidade Iztapalapa, por me ter aberto as suas portas e me ter proporcionado o espaço para realizar a minha Residência Profissional nesta Instituição através dos gabinetes de Serviço Social e Estágios Profissionais, a fim de criar a ligação e abrir o acordo com o Instituto Tecnológico de Iztapalapa.

Aos meus pais, Belém e Leobardo, o meu reconhecimento e gratidão de sempre, por me terem guiado no caminho certo, por me terem incutido valores, pelo seu amor, paciência e compreensão.

Gostaria também de agradecer a todos aqueles que me ajudaram a obter materiais e bibliografias.

Os meus agradecimentos a todos aqueles que, de uma forma ou de outra, me apoiaram ao longo dos anos para que eu pudesse concretizar a minha carreira profissional com este trabalho. Não há palavras suficientes para expressar a minha gratidão, apreço e afeto.

RESUMO

A zona costeira, do ponto de vista do seu estudo ecológico, representa um desafio, uma vez que um mosaico de habitats, ecossistemas, biótopos e ecótonos se localizam nesta ampla faixa de terra. A interação do mar com as zonas húmidas e as caraterísticas destas últimas formam um objeto de estudo complexo, onde a análise de cada uma das suas componentes e uma visão integral do ecossistema são elementos essenciais para a compreensão e interpretação dos diversos fenómenos que aí ocorrem.As planícies costeiras são o resultado de inúmeros factores que vão desde a climatologia local e o seu ciclo hidrológico, passando por complexos mecanismos biológicos e adaptativos dos organismos aquáticos, até complicados processos de reutilização de materiais biogénicos. Assim, é de pouca utilidade propor programas e eventuais soluções dirigidas exclusivamente ao litoral sem entender e compreender os fenómenos que ocorrem nas terras altas, quando é precisamente o seu escoamento que é uma das causas da origem destas planícies. No México, estas interações, juntamente com a sua posição geográfica, resultaram na criação de ecossistemas de elevado valor ecológico e produtivo, incluindo planícies aluviais, pântanos e lagoas costeiras, mas não existe um planeamento adequado ou uma política especificamente orientada para a conservação e/ou exploração destes recursos. Esta situação resulta do facto de, por um lado, o conhecimento sobre esta problemática se ter limitado à investigação científica, principalmente liderada por instituições de ensino superior ou centros de investigação, e, por outro, de os projectos e programas iniciados pelo sector governamental terem subestimado a interação com a comunidade científica. O objetivo é fornecer informação completa e actualizada sobre os ecossistemas costeiros através do Centro de Documentação dos Ecossistemas Costeiros do México (CDELM), bem como proporcionar uma série de funcionalidades aos professores e alunos que consultam o site. Hoje em dia, os sítios Web são de importância vital e indispensáveis para aceder a informação especializada, uma vez que permitem uma maior divulgação da mesma. Este projeto foi desenvolvido recorrendo às tecnologias html5, css, javascript e php, que serviram efetivamente para compilar toda a informação do CDELM com as suas respectivas orientações.

INTRODUÇÃO

O estudo dos ecossistemas costeiros é complexo, uma vez que são o resultado da interação de múltiplos factores naturais: a entrada de água doce proveniente de rios de montanha, a entrada de água do mar devido às marés e à abertura de enseadas ou bocas em massas de água, variações climáticas regionais, particularidades biológicas como a vegetação halófita, taxas de sedimentação variáveis dependentes da dinâmica costeira e, recentemente, o efeito de modificações e actividades antropogénicas.Apesar das limitações orçamentais que se têm verificado no sector da investigação científica, há uma continuação e geração de projectos para conhecer os recursos naturais existentes nos ecossistemas costeiros e implementar novas medidas para a sua utilização e gestão, para as quais diferentes instâncias em algumas regiões costeiras do México têm contribuído com importantes avanços no conhecimento destes ecossistemas, principalmente aqueles com elevado potencial económico e ecológico.

Tendo em conta a importância dos ecossistemas costeiros no México, esta tese apresenta uma análise parcial da disponibilidade de informação sobre o estado do conhecimento das massas de água costeiras em ambas as costas, através da recolha de literatura especializada para a construção e melhoria de um sítio Web atualizado para consulta de fontes de referência, caraterísticas e descrição dos ecossistemas costeiros existentes no México.

A partir de um cliente Web, toda a informação utilizável é vista como um "universo plano" em que a maior parte dos dados é acessível com alguns cliques, escondendo uma teia de detalhes necessários para aceder aos dados. No entanto, existe uma estrutura de computadores configurados que executam aplicações que armazenam e trocam informações. A este respeito, deve ser feita uma distinção clara entre a Internet e a World Wide Web (WWW); esta última é apenas um dos serviços de informação existentes na Internet, cuja rede de computadores comunica através do protocolo TCP/IP. A evolução da utilização dos navegadores Web como interface facilita o acesso a muitos serviços da Internet.

O projeto Web baseou o seu sucesso numa conceção muito apropriada dos seus elementos, tornando-o adequado para a construção de sistemas de informação complexos devido à sua relativa simplicidade, uma vez que se baseia num modelo cliente-servidor em que as trocas de informação entre servidores e clientes são efectuadas através de pedidos simples.

Os servidores HTTP são o centro do sistema de distribuição da informação. Neles, os clientes introduzem URLs (Universal Resource Locator), que são muito semelhantes aos caminhos para um documento na estrutura de diretórios de um computador e que contêm também o endereço Internet do computador que fornece o documento. Este processo localiza a cópia original dos documentos a distribuir para que os clientes tenham a possibilidade de os recolher.

Os clientes Web são responsáveis pela recolha de informações dos servidores e pela sua apresentação da forma mais conveniente, pelo que é necessário um terminal ou dispositivo para cada ambiente de trabalho. No entanto, como se verá mais adiante, as capacidades dos clientes Web podem ser mais alargadas.

JUSTIFICAÇÃO

O México tem 1.567.000 ha de superfícies estuarinas. O Pacífico tem uma média de 892.800 ha e o Golfo do México nada menos que 674.500 ha. As águas estuarinas podem ser definidas como as superfícies aquáticas onde existe uma mistura de água proveniente do escoamento continental e de água oceânica através do fenómeno das marés. O termo estuário vem da palavra aeustus que significa maré. Os ecossistemas estuarinos costeiros destacam-se pela sua importância intrínseca para as numerosas espécies que os habitam, quer temporária quer permanentemente (Contreras e Castañeda, 2004).

A WWW reúne vários aspectos que a tornam uma tecnologia atractiva e promissora, pois é um sistema de hipertexto que permite saltar muito facilmente de uma página para outra através de ligações. Pode também ser considerado um sistema multimédia, pois mistura texto com gráficos e objectos noutros formatos (essencialmente imagens, sons e vídeos), para além de poder executar aplicações. No passado, era um sistema que permitia navegar na rede e tirar o melhor partido dos vários serviços da Internet, bem como disponibilizar documentação numa rede privada de forma económica e atractiva. Atualmente é um meio que permite a execução de múltiplas aplicações, mantendo, no entanto, a sua funcionalidade e as caraterísticas de universalidade e gratuitidade. A Internet é universal porque as páginas WWW estão disponíveis para qualquer tipo de dispositivo e utilizador ligado. Como parte desta universalidade pode-se incluir a igualdade da rede que dá o mesmo estatuto de um servidor privado ao servidor de uma grande empresa com várias páginas e uma enorme equipa de desenvolvimento. Outro elemento importante é a simplicidade, pois dirige-se a qualquer tipo de utilizador, com ou sem conhecimentos de informática, pelo que é relativamente fácil de utilizar. Para alcançar este elemento, a WWW utiliza técnicas de hipermédia que permitem incluir texto, imagens, animações, sons e vídeos num documento. Desta forma, os documentos podem ser facilmente ligados uns aos outros, independentemente da sua localização.

Com base na informação analisada e resumida sobre os recursos costeiros do México, que estará contida no site do CDELM, os autores consideram que o progresso no conhecimento destes ecossistemas prosperou significativamente nos últimos trinta anos e que a quantidade e a qualidade da investigação e da informação são excelentes, em termos gerais, de modo a que as novas tecnologias informáticas e de armazenamento possam ser utilizadas para contribuir para a tomada de decisões destinadas à conservação, regeneração, utilização ou gestão destes recursos, de modo a que a informação esteja disponível para qualquer utilizador.Este projeto surge da necessidade de criar um sítio Web que funcione como base de dados e ligue os sectores interessados em informação básica sobre os ecossistemas costeiros do México. Pretende-se que o site sirva de apoio à investigação científica, bem como aos decisores do sector governamental e aos organismos dedicados à gestão dos ecossistemas costeiros. Pretende-se que o site do CDELM da UAMI concentre o máximo de informação possível sobre o conhecimento e a atualidade dos ecossistemas costeiros, de modo a que, ao dispor de uma grande capacidade de visualização de ficheiros, um site represente uma força para enfrentar a concorrência internacional em áreas específicas que requerem grande amplitude tecnológica.

OBJECTIVOS

Geral

•Conceber, construir e desenvolver um sítio Web para o CDELM que permita o livre acesso a informações gerais e especializadas sobre os ecossistemas costeiros estuarinos.

Específico

•Conceber e estruturar uma base de dados com informações de diagnóstico e estudos científicos, com base num glossário de pesquisa na Internet que direciona o utilizador para o acervo documental sobre a gestão dos ecossistemas costeiros do México.

•Construir um sítio web cuja estrutura disponibilize informação especializada e científica de fácil acesso, baseada na visualização e concetualização dos problemas e alternativas de utilização e gestão da zona costeira e dos seus ecossistemas.

•Transmitir a funcionalidade do sítio Web aos utilizadores para que estes possam reconhecer a zona costeira e os seus ecossistemas como uma entidade natural, ecológica e economicamente gerível.

CAPÍTULO 1

GERAL

1.1 O que é o CDELM?

Dada a necessidade de contribuir para o planeamento e gestão ecológica das costas mexicanas, a colaboração com diferentes instituições académicas para partilhar a informação gerada por grupos de investigação científica especializados em ecologia, biologia, conservação e gestão dos ecossistemas costeiros e dos seus recursos hidrobiológicos tem sido essencial, o que levou à fundação do Centro de Documentação dos Ecossistemas Costeiros Mexicanos (CDELM) em 1989, que pertence ao Departamento de Hidrobiologia da Universidade Autónoma Metropolitana-Universidade Iztapalapa. Trata-se de um projeto académico fundado em 1989 pelos membros do Laboratório de Ecossistemas Costeiros (antigo Oceanografia), que tem como objetivo reunir toda a informação existente sobre os recursos costeiros mexicanos.

Grande parte da informação objetiva está dispersa ou inacessível, em particular, as ciências marinhas e/ou costeiras no México têm um número relativamente baixo de publicações disponíveis sobre as diferentes caraterísticas dos ecossistemas costeiros, porque só na década de 1960 é que o estudo especializado dos ecossistemas costeiros e estuarinos se tornou mais relevante para a comunidade científica.

O CDELM tem-se dedicado à recolha, catalogação e captação de informação dispersa, tendo em conta critérios rigorosos de revisão e seleção da informação, pelo que a maior parte, ou a totalidade, da informação disponível na sua base de dados provém de artigos científicos, nacionais e internacionais, teses de diferentes graus académicos e relatórios de participação em eventos. especializados. O CDELM é constituído por uma coleção de informação de aproximadamente 5400 referências bibliográficas (incluindo resumos) sobre todos os temas científicos publicados sobre os ecossistemas costeiros mexicanos.

Segue-se uma descrição geral do CDELM:

•Nome da instituição:

Centro de Documentação dos Ecossistemas Costeiros do México
(CDELM). Departamento de Hidrobiologia, Área de Ecossistemas
Costeiros, Divisão de Ciências Biológicas e da Saúde. Universidade
Autónoma Metropolitana, Unidade de Iztapalapa. RFC da empresa:
UAM-740101AR1

•Missão:

Promover e fortalecer atividades que aproximem os resultados da
pesquisa da UAM Iztapalapa aos setores produtivos públicos e privados,
a fim de contribuir para o bem-estar da sociedade e a competitividade do
país.

•Visão:

Normalizar, padronizar, regular e promover os processos de
transferência de conhecimentos inovadores gerados na UAM Iztapalapa,
através de um gabinete único que sirva os investigadores e os sectores
público e privado interessados em informação especializada,
protegendo, em primeira instância, os conhecimentos a comercializar.

A UAM Iztapalapa consolidou-se como promotora das capacidades
desta unidade académica, estabelecendo uma relação de confiança
entre os sectores produtivos e a Universidade. O CDELM é um escritório
que atua com transparência e visão, contribuindo para o compromisso
social da UAM Iztapalapa.

•Localização e dados de contacto:

San Rafael Atlixco 186, Vicentina, Iztapalapa C.P. 09340 Cidade do
México. Telefone: 5804-4745 y 46. Responsável: Mtra. en Educación
Ambiental Ofelia Castañeda López, correio eletrónico:
clo@xanum.uam.mx

•Virar:

A tarefa do Departamento de Hidrobiologia consiste em articular os elos
de uma cadeia que vai da descrição à geração de informações e
tecnologias voltadas ao seu objeto de estudo, que inclui os recursos
hidrobiológicos dos ecossistemas aquáticos (UAM, 2014).

Figura 1. Localização do CDELM, Departamento de Hidrobiologia, UAM Iztapalapa.

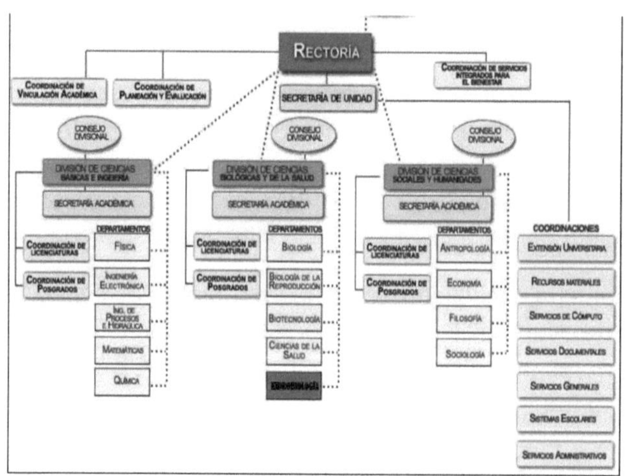

Figura 2. Organograma da Instituição e etapa do CDELM.

1.2 Quadro de referência do projeto

1.2.1 Abordagem do problema

Graças ao estudo e monitorização no terreno dos ecossistemas costeiros mexicanos, foi possível identificar a necessidade de um meio virtual para facilitar o acesso à informação gerada sobre estes ecossistemas e partilhar os progressos da comunidade científica, a fim de promover a formação académica com maior alcance e competitividade nas áreas abrangidas pelo Departamento de

Hidrobiologia.

Embora a Universidade Autónoma Metropolitana seja conhecida pelas ferramentas tecnológicas de que dispõe, falta-lhe um meio tecnológico que promova o seu progresso e inovações no Centro de Documentação dos Ecossistemas Costeiros Mexicanos (CDELM). Para o CDELM é relevante resolver o problema da informação na área e considera necessárias as seguintes acções:

• Implementar e/ou ativar um sítio na Internet para que os utilizadores possam localizar a informação necessária sobre o estado atual dos ecossistemas costeiros, de modo a que a UAM seja uma instituição de referência na investigação especializada sobre recursos costeiros e hidrobiológicos.

• Optar por programas de divulgação sobre a utilização das tecnologias da informação para o conhecimento e a investigação no domínio dos ecossistemas costeiros destinados à comunidade universitária e ao público em geral, a fim de facilitar o acesso à informação.

1.2.2 Âmbito do projeto

Este projeto permitirá à comunidade universitária e ao público em geral, principalmente ao sector da educação, fazer o seguinte

• Conhecer e compreender os avanços das novas tecnologias da informação e o seu impacto na investigação sobre os ecossistemas costeiros mexicanos.

• Utilizar ferramentas tecnológicas para ter acesso rápido e atualizado aos dados e informações contidos nas bases de dados do CDELM.

• Fornecer ao CDELM dados de preferência de pesquisa para melhorar a estrutura do sítio Web e oferecer uma melhor experiência na consulta de informação através da utilização de ferramentas virtuais.

• Utilizar a informação contida no CDELM e aplicar os conhecimentos adquiridos em trabalhos especializados e de divulgação e popularização científica.

• Atualizar os conhecimentos anteriores sobre os ecossistemas costeiros e consultar o seu estado atual com base na recolha de informações actuais contidas no CDELM.

• Permitir que estudantes, professores e investigadores compreendam melhor os processos, projectos e acontecimentos que ocorrem nos ecossistemas costeiros.

O objetivo deste projeto é dotar o CDELM de uma ferramenta virtual que lhe permita melhorar a comunicação entre a comunidade académica e promovê-la a nível nacional e internacional, utilizando adequadamente os recursos tecnológicos de comunicação existentes. Além de agilizar os processos pedagógicos e reforçar as competências e capacidades docentes, utilizando os meios virtuais para melhorar o seu desempenho e aperfeiçoar as actividades lectivas. Com a implementação deste projeto, pretende-se beneficiar diretamente a comunidade universitária da UAM Iztapalapa, a fim de promover a comunicação entre os grupos que a compõem e outras instituições de ensino superior e de investigação.

1.2.3 Limitações

Devido aos objectivos deste projeto, o prazo para a construção do sítio Web, que será no máximo de 6 meses, e a quantidade de recursos disponíveis na Área dos Ecossistemas Costeiros são considerados como limitações. Além disso, não foi contemplada a manutenção do sítio Web, para além da sua conceção, construção e funcionamento inicial, o que afectará o funcionamento do sítio no futuro, uma vez que apenas está previsto o desenvolvimento da interface sem considerar o catálogo de imagens, a validação de contas de redes sociais e microblogues, em geral. Outra limitação importante é a falta de pessoal dedicado ao desenvolvimento deste projeto, o que resulta num menor número de processos realizados.

CAPÍTULO 2

QUADRO TEÓRICO

2.1 Panorama geral dos ecossistemas costeiros

Um ecossistema costeiro é um conjunto de factores naturais (sistema) em que interagem variáveis físico-químicas, como o oxigénio, a temperatura, os nutrientes, a salinidade, entre outras, e factores biológicos, como as populações e comunidades de diferentes tipos de organismos e os seus processos biológicos. Cada um dos indivíduos pertencentes ao ecossistema desempenha uma função necessária para que o ecossistema mantenha as suas condições e as particularidades do nicho ecológico.

Os ecossistemas costeiros são altamente produtivos e têm sido objeto de um estudo aprofundado por parte da comunidade científica. A produtividade primária dos ecossistemas costeiros constitui a base da cadeia alimentar. Além disso, as planícies costeiras são o resultado de numerosos factores em que estão envolvidos desde a climatologia local e o seu ciclo hidrológico, passando por complexos mecanismos biológicos e adaptativos dos organismos aquáticos, até complicados processos de reutilização de materiais biogénicos. É pouco vantajoso propor programas e eventuais soluções dirigidas exclusivamente ao litoral sem entender e compreender os fenómenos que ocorrem nas terras altas, quando é precisamente o seu escoamento que é uma das causas da origem destas planícies. No México, estas interações, juntamente com a sua posição geográfica, resultaram na criação de ecossistemas de elevado valor ecológico e produtivo, incluindo planícies aluviais, pântanos e lagoas costeiras. A zona costeira, do ponto de vista do seu estudo ecológico, representa um desafio, uma vez que um mosaico de habitats, ecossistemas, biótopos e ecótonos se localizam nesta vasta faixa de terra. A interação do mar com as zonas húmidas e as caraterísticas destas últimas constituem um objeto de estudo complexo, onde a análise de cada uma das suas componentes e uma visão integral do ecossistema são elementos essenciais para a compreensão e interpretação dos diversos fenómenos que aí ocorrem. Hoje em dia, para estar na vanguarda, é importante ter em conta a importância e o auge dos sítios Web para difundir e dar a conhecer os processos pedagógicos que se realizam nas instituições educativas e para trocar novos avanços na investigação, entre outras coisas (Contreras-Espinosa, 2010).

2.2 O que é a World Wide Web?

A World Wide Web, ou WWW, é "a teia que cobre o mundo", a agregação de toda a informação disponível na Internet a que se pode aceder através de um navegador Web. Para este efeito, é comum utilizar os termos Web, WWW ou World Wide Web.

Para as páginas da Internet existem sistemas de escrita chamados "linguagem de marcação". A linguagem HTML (Hypertext Markup Language) é a mais utilizada; com esta linguagem, são enviados comandos para que a informação seja apresentada nos navegadores para visualizar as páginas Web. As conhecidas etiquetas permitem formatar o documento e combiná-lo com outros elementos multimédia.

Tabela 1. Definições dos elementos da WWW (World Wide Web)

Protocolo HTTP	Foi criado para permitir que o hipertexto, as hiperligações e os hipermédia façam o seu trabalho. A sigla significa Hypertext Transfer Protocol (Protocolo de Transferência de Hipertexto). Funciona em quatro passos básicos: ligação, pedido, resposta e desconexão. É considerado um protocolo sem estado, porque não armazena informações sobre as transacções que efectua.
Navegadores	Para navegar na Internet é necessário um programa que possa aceder às páginas Web, que são Os programas podem ser encontrados nos chamados browsers; quanto mais
	são o Internet Explorer, o Mozilla Firefox e o Google Chrome.
Endereçamento URL	É utilizado para designar a localização da informação a que se acede na Internet através de um sistema de caracteres normalizado. Cada recurso de informação na Web tem um URL único. Com este endereço, o browser acede à página e apresenta-a no ecrã.

Motores de pesquisa	Para encontrar os dados pretendidos, se o URL não for conhecido, são utilizados servidores de pesquisa ou motores de pesquisa. Os motores de pesquisa mais populares são o Google e o Yahoo.

Cada objeto incorporado numa página Web é um ficheiro separado da própria página, ou seja, apenas os ficheiros estão ligados. Diz-se que uma ligação está quebrada quando uma página Web não consegue recuperar alguns dos objectos que tinha incorporado, ou quando uma hiperligação não está configurada corretamente. Os elementos típicos apresentados num sítio Web são texto, gráficos, fotografias, animações, vídeo e áudio.

2.3   Sistema HyperText Markup Language 5 (HTML5)

Hoje em dia, é essencial reconhecer a importância dos sítios Web para divulgar informações actualizadas e conhecer os avanços aplicados e/ou utilizados no domínio da educação e da investigação sobre os ecossistemas costeiros mexicanos. No que diz respeito à utilização de tecnologias, o html5 não é muito diferente do que já é conhecido como HyperText Markup Language ou Linguagem de Marcação de Hipertexto, a diferença é que o html5 é definido como um grupo de tecnologias que trabalham em conjunto para resolver um determinado objetivo. As três tecnologias utilizadas sob este nome são html5, css3 e JavaScript; a maioria destas tecnologias é considerada Font-end, uma vez que são utilizadas para programar diretamente com o utilizador ou cliente.

Utilizando html5 é possível criar sites sem conhecimentos de programação, uma vez que é possível utilizar sistemas de gestão de conteúdos (CMS). No entanto, no caso particular deste projeto para uso da UAM Iztapalapa, considera-se que a utilização desta tecnologia não é viável devido às limitações que implica. Portanto, pretende-se usar a tecnologia html5 para desenvolver a estrutura principal do site usando tags para texto e imagens como cabeçalhos e outros elementos. Além disso, podem ser utilizados editores de texto, como o notepad++ ou o Sublime Text, para manipular diretamente o código HTML5.

- Exemplo básico do funcionamento de uma etiqueta html5 (retirado de w3schools, 2016).

```
<HTML>
    <HEAD>
        <TITLE>P&aacute;gina de ejemplo</TITLE>
    </HEAD>
    <BODY>
        <H2> Encabezado </H2>
        <P>Primer p&aacute;rrafo debajo del encabezado.</P>
        <H3> Un encabezado <BR> en dos renglones </H3>
        <P>P&aacute;rrafo con partes <B>en negrita</B> </P>
    </BODY> </HTML>
```

Por outro lado, CSS ou folhas de estilo em cascata é uma linguagem para criar apresentações de um documento previamente estruturado com HTML.

Tabela 2. Versões CSS (folhas de estilo em cascata) e respectivas especificações.

Versão	Especificações
CSS 1	Propriedades do tipo de letra: tipo, tamanho e ênfase Cor do texto, fundos, margens ou outros elementos Atributos de texto, como o espaçamento entre palavras, entre letras, entre linhas, etc. Alinhamento de textos, imagens, tabelas ou outros Propriedades da caixa, como a margem, o rebordo, o preenchimento ou o espaçamento Identificação da lista e propriedades de apresentação
CSS 2	Funcionalidades próprias das camadas (<div>), tais como posicionamento relativo/absoluto/fixo, níveis (z-index), etc. Conceito de "tipos de media Suporte para folhas de estilo auditivas Texto bidirecional, sombras, etc.
CSS 2.1	Corrige alguns erros encontrados no CSS2 Remove funcionalidades mal suportadas ou inoperacionais nos navegadores
CSS 3	Dividido em documentos separados chamados "módulos Preserva as funcionalidades CSS2 para manter a compatibilidade, mas acrescenta novas funcionalidades por módulo.

Tal como acontece com todos os sítios Web criados para qualquer tipo de empresa ou instituição, ou seja, aqueles em que são criadas ou manipuladas imagens digitais e secções de texto, dependendo da natureza do meio, é criada uma interface de utilizador intuitiva, mantendo os utilizadores envolvidos no sítio.

- Exemplo de utilização básica de CSS (w3schools, 2016).

```css
Body {
    Background-color: #180A0A;
}

h1 {
    text-shadow: 0 5px 3px #CCC;
    color: #000;
    font-size: 40px;
}

h2 {
    text-shadow: 0 5px 3px #CCC;
    color: #000;
    font-size: 40px;
}

p {
    font-family:"Times New Roman"
    font-size: 40px;
}
```

2.4 Conceção reactiva

Os novos avanços tecnológicos podem ser observados nas TIC, uma vez que é possível visualizar qualquer conteúdo da Web em qualquer tipo de dispositivo, desde computadores de secretária, tablets e telemóveis. Considera-se que a utilização das tecnologias da informação (TIC) deve ser fundamental para a educação, porque a consulta de informação em suportes digitais é cada vez mais relevante e aumenta a competitividade e a produtividade laboral ou educativa dos utilizadores que as utilizam. O design responsivo é uma técnica que ajuda a manter a visualização correta da mesma página, respondendo à necessidade de um determinado sítio Web se adaptar aos dispositivos actuais.

Esta técnica caracteriza-se pelo facto de os layouts (conteúdos) e as imagens serem fluidos e por utilizar o código CSS3 media-queries. Além disso, permite redimensionar e posicionar os elementos da web de forma a que se adaptem à largura de cada dispositivo, o que permite ao utilizador aceder a uma melhor experiência de utilização, bem como reduzir o tempo de desenvolvimento e evitar conteúdos duplicados, uma vez que os ficheiros podem ser partilhados de forma mais rápida e fácil. Desta forma, é possível fornecer o mesmo conteúdo do sítio Web a todos os utilizadores e oferecer uma melhor experiência de consulta e/ou desenvolvimento, em comparação com outras abordagens de desenvolvimento Web, na criação de aplicações móveis, variação de domínio ou sítios Web dinâmicos em função do terminal.

Figura 3. Principais caraterísticas da conceção reactiva.

Figura 4. Apresentação do design responsivo num sítio Web.

2.5 Interações com JavaScript e jQuery

O sistema ou o sítio Web necessita de interagir com documentos HTML, tratar animações, programar eventos e manipular o DOM (Document Object Modeling). Para este efeito, é formado o JavaScript ou jQuery, que permite melhorar a interface do utilizador e obter uma página Web mais dinâmica. Neste sentido, o JavaScript é uma linguagem interpretada que foi desenvolvida para ser utilizada nos navegadores Web. O JQuery é uma biblioteca desenvolvida e específica de código JavaScript que é utilizada para simplificar alguns processos como a correção de menus, o encaixe de imagens, o scrolling de documentos e a manipulação de eventos (JavaScript, 2016).

2.6 Pré-processador de hipertexto (PHP)

O Hypertext PreProcessor ou PHP é uma linguagem de programação de uso geral adequada para o desenvolvimento de sítios Web. Se for utilizada uma linguagem de programação do lado do servidor como programação back-end, permite ter controlo sobre o conteúdo mais dinâmico do sítio Web, como o envio de e-mails, o controlo dos visitantes ou a manipulação de dados (PHP, 2016). A comunicação num sítio Web tem lugar numa dimensão fundamental, ou seja, diretamente, pelo que a criação de meios interactivos utilizando esta tecnologia permitiria a uma instituição de ensino dispor de ferramentas orientadas para o conhecimento unidirecional que facilitam a formação dos estudantes de uma forma dinâmica.

2.7 Servidor WAMP

O Wamp Server é uma ferramenta gratuita para Windows, indispensável para todos os programadores de sítios Web. Fornece suporte para programadores front-end ou back-end, permitindo-lhes criar aplicações com Apache, PHP e Base com MySQL. Ao mesmo tempo, permite carregar páginas HTML com CSS e JavaScript, possibilitando um ambiente de desenvolvimento necessário para gerir a configuração do servidor local, bem como testes de depuração do código escrito para melhorar o manuseamento, de modo a que o browser o possa interpretar. Além disso, contém um gestor de bases de dados PHP MyAdmin que pode ser utilizado para criar novas bases de dados, consultá-las, gerar scripts SQL e exportar ou importar bases de dados ou tabelas. A utilização desta tecnologia neste projeto consistirá na avaliação da evolução e da continuidade do sítio, o que permitirá executá-lo localmente antes de o carregar para um alojamento.

Figura 6. Logótipos dos serviços do Wamp Server.

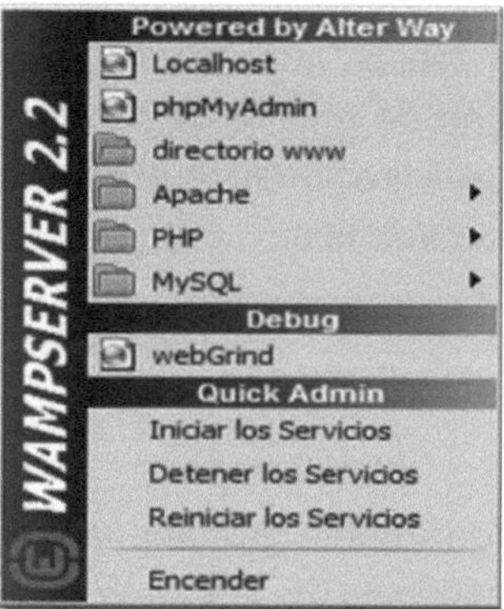

Figura 7. Instalação do servidor Wamp.

CAPÍTULO 3

METODOLOGIA

3.1 Conceção do sítio Web

As páginas Web são concebidas para conter todo o tipo de informação, de modo a que possam ser construídas apresentações multimédia elegantes de todos os conteúdos possíveis. O programa de trabalho deste projeto, como já foi referido, contempla a criação de um sítio Web com capacidade suficiente para apresentar dados básicos ou informação caraterística dos ecossistemas costeiros do México, que pertencerá ao Departamento de Hidrobiologia da UAM Iztapalapa.

A seguir, de forma simplificada, são enumerados os passos a seguir para a criação, o funcionamento e a demonstração de uma página Web escrita em HTML (WAMP, 2016):

• Oferecem ao utilizador a possibilidade de acionar um URL, quer selecionando uma ligação de um documento, quer introduzindo-a diretamente no browser.

• Descodificam os campos de um URL.
• Ligam-se ao servidor correspondente, para recolher o conteúdo do URL.

• Interpretam o hipertexto e apresentam-no, de acordo com as caraterísticas e limitações do ambiente em que o dispositivo está a funcionar.

• Recolhem o resto dos componentes de uma página Web, tais como: imagens, sons, aplicações Java, animações flash, objectos incorporados, etc.

• Após a ativação de uma ligação, identificam o estado das informações necessárias e o processo acima é repetido.

• Muitas vezes têm utilitários que reduzem muitas operações, tais como: cópias temporárias de páginas recentemente visitadas, horários de URL, clientes de correio eletrónico, etc.

Além disso, propõe-se também a utilização da Arquitetura da Informação (AI) para melhorar os processos de consulta e conceção da aplicação. Segue-se uma descrição da metodologia que define quatro fases essenciais no desenvolvimento de um sítio Web:

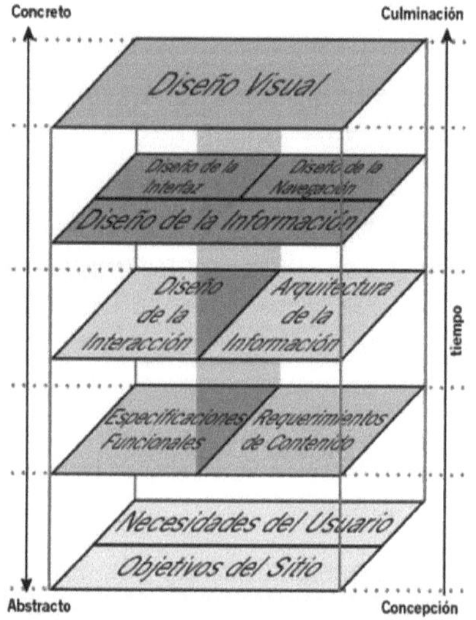

Figura 8. Esquema geral da arquitetura da informação (Garret, 2011).

3.2 Necessidades e requisitos do sítio Web

Devido ao tipo de sítio Web que está a ser planeado, serão desenvolvidas funcionalidades que descrevem em pormenor os diferentes conteúdos a incluir na biblioteca de referência. Assim, o sítio será estruturado com os seguintes botões ou secções para melhorar a interação com o utilizador: Página inicial, Objectivos do CDELM, Publicações, Colaborações, Serviços, Quem somos e Contacto. Na secção de serviços, haverá seis subcategorias: Galeria, Base de dados, Contacto direto, Mapa do sítio, Projectos e Administração Web.

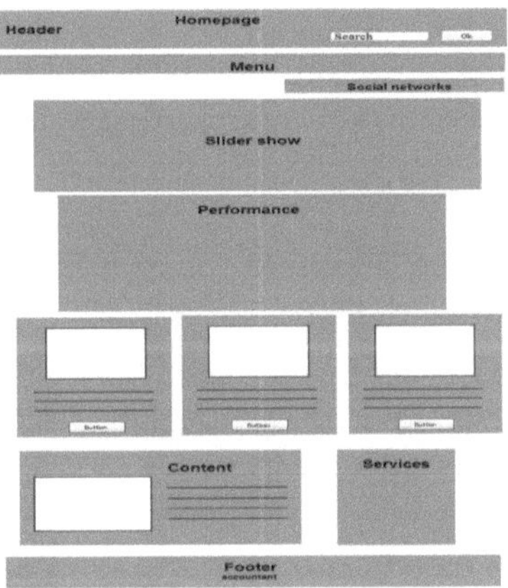

Figura 9. Esboço da página inicial do sítio Web do CDELM, UAM Iztapalapa.

A conceção da página principal do sítio Web deve ser apresentada de modo a que o sistema seja facilmente compreensível para o utilizador, com a intenção de que, durante a sua construção, seja compreendido pelo programador, a fim de evitar erros. Além disso, a interface principal deve ser concebida de modo a facilitar futuras correcções ao sítio web, ou a criação de novos conteúdos ou de novas páginas com o mesmo tipo de informação. Os serviços devem ser contabilizados de modo a manter a ordem das informações durante a navegação no sítio de consulta Web.

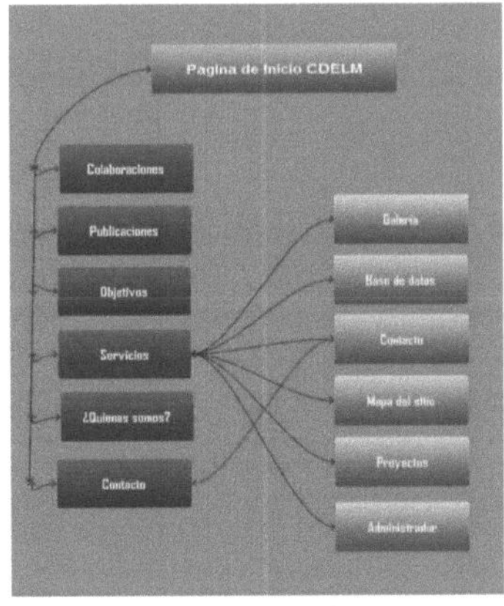

Figura 10. Mapa de navegação de acordo com a conceção do sítio Web previsto para este projeto.

O design gráfico ou visual de um sítio Web deve reforçar as decisões tomadas pela AI (Arquitetura da Informação) e clarificar a estrutura, a navegação e a consulta dos conteúdos. Os aspectos visuais de um sítio Web não devem ser apenas decorativos, mas devem perseguir um objetivo como oferecer um ambiente intuitivo que transmita qualidade, confiança e veracidade, bem como ser um espaço em que o utilizador se sinta confortável. O design gráfico, enquanto sintoma emocional, tem um papel muito importante a desempenhar junto do utilizador. Esta metodologia baseia-se na desenvolvida por Garret (2011), em que a AI se bąseia numa linguagem visual para diagramas descritivos de arquitetura e fluxos de navegação, que são um padrão para tarefas de prototipagem. Para conhecer os sectores que utilizariam o sítio web do CDELM em função de diferentes interesses de investigação ou de geração de conhecimento, realizou-se uma série de inquéritos sobre a tecnologia aplicada aos recursos educativos como geradora de conhecimento, para identificar as necessidades do sítio web que conterá informação sobre os ecossistemas costeiros mexicanos e as necessidades dos utilizadores na sua utilização. A investigação de campo foi realizada na UAM Iztapalapa com uma amostra de 50 pessoas a quem foram colocadas as seguintes questões (Tabela 3):

Tabela 3. Perguntas dos inquéritos aplicados na UAM Iztapalapa.
COMPOSIÇÃO DOS INQUÉRITOS
1. *Tem um computador ou um dispositivo móvel com Internet?*

2. *Utiliza a Internet com frequência?*

3. *Acha que existe uma diferença entre um sítio Web para computador e um sítio Web para telemóvel?*
4. *Considera necessária a criação de um sítio Web com informações sobre os ecossistemas costeiros mexicanos?*
5. *Deseja aceder em linha ao Centro de Documentação dos Ecossistemas Costeiros do México (CDELM)?*
6. *Através da implementação do sítio, acha que os alunos e professores melhorariam a comunicação com os especialistas do CDELM ou dos Ecossistemas Costeiros Mexicanos na UAM Iztapalapa?*
7. *Deseja descarregar ou visualizar em linha os documentos relativos aos ecossistemas costeiros mexicanos?*
8. *Como acha que deve ser um sítio Web de consulta?*

9. *Quais as caraterísticas de um sítio Web que mais o atraem?*

CAPÍTULO 4
RESULTADOS

4.1 Registo do inquérito

Com base nas respostas obtidas durante a aplicação dos inquéritos, foram obtidos os seguintes registos, com os quais foi possível identificar algumas necessidades ou caraterísticas particulares para melhorar a experiência de navegação no site do CDELM:

1. Tem um computador ou um dispositivo móvel com Internet?

Variável	Amostra	Frequência	Percentagem
Sim	50	45	90%
Não	50	5	10%

2. Utiliza a Internet com frequência?

Variável	Amostra	Frequência	Percentagem
Sim	50	46	92%
Não	50	4	8%

3. Acha que existe uma diferença entre um sítio Web para computador e um sítio Web para telemóvel?

Variável	Amostra	Frequência	Percentagem
Sim	50	30	60%
Não	50	20	40%

4. Considera necessária a criação de um sítio Web com informações sobre os ecossistemas costeiros mexicanos?

Variável	Amostra	Frequência	Percentagem
Sim	50	49	98%
Não	50	1	2%

5. Deseja aceder em linha ao Centro de Documentação dos Ecossistemas Costeiros do México (CDELM)?

Variável	Amostra	Frequência	Percentagem
Sim	50	49	98%
Não	50	1	2%

6. Através da implementação do sítio, acha que os alunos e professores melhorariam a comunicação com os especialistas do CDELM ou dos Ecossistemas Costeiros Mexicanos na UAM Iztapalapa?

Variável	Amostra	Frequência	Percentagem
Sim	50	49	98%
Não	50	2	2%

7. Deseja descarregar ou visualizar em linha os documentos relativos aos ecossistemas costeiros mexicanos?

Variável	Amostra	Frequência	Percentagem
Sim	50	50	100%
Não	50	0	0%

8. Como acha que deve ser um sítio Web de consulta?

Variável	Amostra	Frequência	Percentagem
Galeria de imagens	50	18	36%

9. Quais as caraterísticas de um sítio Web que mais o atraem?

Variável	Amostra	Frequência	Percentagem
Motor de busca especializado	50	18	36%
Navegação intuitiva	50	4	8%
Sem publicidade	50	2	4%
Microblogging ou redes sociais	50	8	16%

4.2 Arquivos da biblioteca de referência

Com base na recolha de informação, que será incluída no sítio Web a desenvolver, foram registados os seguintes conteúdos para inclusão: Das 5203 referências bibliográficas localizadas até à data, 2315 correspondem ao Golfo do México (44,7%) e 2888 ao Pacífico (55,3%). A distribuição da informação encontrada para os 17 Estados costeiros, bem como a percentagem que cada entidade representa a nível nacional, pode ser analisada no quadro 4.

Tabela 4. Referências científicas que abordam algum aspeto dos Ecossistemas Costeiros da República Mexicana.

Estado		# Número de referências	%
1	Veracruz	1197	23.01
2	Baja California Sur	821	15.78
3	Baixa Califórnia	711	13.67
4	Campeche	518	9.96
5	Sinaloa	439	8.44
6	Sonora	291	5.59
7	Tabasco	178	3.42
8	Guerrero	155	2.98
9	Quintana Roo	149	2.86
10	Yucatan	148	2.84
11	Oaxaca	136	2.61
12	Tamaulipas	125	2.40
13	Jalisco	122	2.34
14	Nayarit	96	1.85
15	Chiapas	66	1.27
16	Colima	44	0.85
17	Michoacán	7	0.13
TOTAL		5203	100

Tabela 5. Ficheiros de imagens contabilizados por secção incluídos no sítio Web do CDELM.

Ficheiros de imagem	
Secção	Quantidade
Aves	223
Bentos	446
Ecossistemas	96
Fitoplâncton	101
Peixe	413
Vegetação	160
Zooplâncton	122
Total	1561

4.3 Desenvolvimento de sítios Web

Como resultado da conceção, estruturação e construção do website do CDELM, este foi finalizado tendo em conta as necessidades de design e arquitetura. Considera-se que o site lançado beneficiou principalmente a comunidade docente e discente, especialmente os pertencentes ao Departamento de Hidrobiologia, uma vez que tem funcionado recentemente como uma ferramenta didática e de apoio aos alunos, bem como representa um espaço tecnológico para actividades de investigação em Ecossistemas Costeiros Mexicanos. Além disso, foi possível reconhecer que haverá uma maior divulgação do CDELM e das suas actividades e conteúdos, através de um teste piloto realizado pelo programador, devido aos conteúdos do sítio Web e ao seu design. Foram criadas as secções acima propostas, que melhoraram a distribuição da informação e facilitaram o acesso aos arquivos da biblioteca de referência. De seguida, apresentam-se alguns dos aspectos mais importantes que resultaram do desenvolvimento do sítio Web do CDELM: Além disso, a importância deste sítio reside principalmente na divulgação da informação disponível sobre os Ecossistemas Costeiros Mexicanos, razão pela qual inclui um mapa de distribuição dos ecossistemas que são estudados no México e para os quais existem referências científicas incluídas no sítio do CDELM. Esta secção pode ser utilizada em conjunto com o sistema de pesquisa do site para encontrar informação sobre um tema específico.

De acordo com a análise efectuada, a necessidade da área do Centro de Documentação dos Ecossistemas Costeiros Litorais Mexicanos (ou CDELM) é implementar um website que contribua para fortalecer a comunicação e a aprendizagem na comunidade educativa, bem como satisfazer as exigências da época atual em termos de incorporação de novas tecnologias e dinâmicas nesta área de investigação. Assim, com o desenvolvimento do site, foi possível desenvolver as competências da Área de Ecossistemas Costeiros para comunicar informações atuais e especializadas à comunidade estudantil da UAM Iztapalapa e de outras instituições. As tecnologias utilizadas para o desenvolvimento deste projeto foram implementadas manualmente, deixando de lado o CMS (Web Content Management System), a fim de otimizar e melhorar a eficiência e reduzir os tempos de resposta, depurando o código para obter uma resposta rápida.

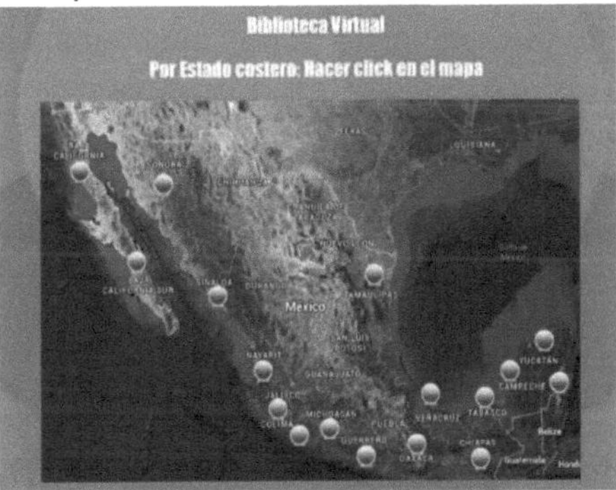

Figura 20. Mapa da base de dados de informação disponível sobre ecossistemas costeiros organizado por estado.

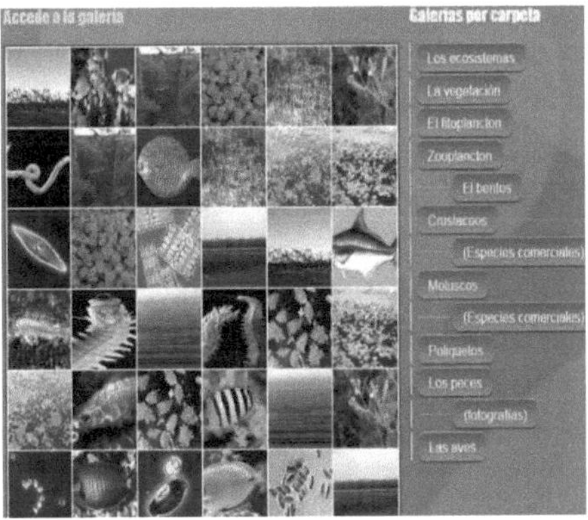

Figura 21. Galeria de imagens onde se pode encontrar informação sobre as espécies que habitam os ecossistemas costeiros.

CAPÍTULO 5
CONCLUSÕES

5.1 Conclusões e recomendações

O Centro de Documentação de Ecossistemas Litorais Mexicanos (CDELM) da Universidade Autónoma Metropolitana de Iztapalapa (UAMI) conta agora com uma ferramenta tecnológica virtual que permitirá a aplicação de novas metodologias de ensino-aprendizagem, para que professores e alunos possam aceder à informação de forma fácil e rápida a partir de qualquer dispositivo. Da mesma forma, é de vital importância que o site seja periodicamente analisado e atualizado para manter os seus utilizadores, melhorar o acesso à informação e aumentar as oportunidades de disseminação de conhecimentos específicos sobre os Ecossistemas Litorais Mexicanos. Por conseguinte, recomenda-se também a formação do pessoal que gere o sítio Web, a fim de favorecer os processos de atualização e manter um bom desempenho e funcionamento, bem como a formação dos professores sobre o funcionamento do sítio Web e as suas vantagens.

5.2 Competências desenvolvidas e/ou aplicadas

Seguindo uma abordagem de engenharia, foi desenvolvido um site com elevados padrões de qualidade e controlo com técnicas eficientes que fornecem os resultados esperados, utilizando tecnologia de ponta que é útil para resolver problemas em ciência e educação. Foram desenvolvidas as competências para analisar, utilizar, projetar e implementar as Tecnologias da Informação, compreendendo e resolvendo de forma inovadora, dinâmica e criativa os problemas da instituição, neste caso, a UAM Iztapalapa. Embora o design gráfico centrado na web seja um desafio, foi possível desenvolver o sítio web sem grandes dificuldades. Foram também identificadas acções-chave para a conceção e o desenvolvimento do sítio Web, tais como a compreensão das necessidades do cliente, a determinação do público-alvo e o estabelecimento de uma comunicação eficaz até ao teste-piloto e à entrega do novo sítio.

FONTES E REFERÊNCIAS

Cabello-Orós, J. C. (2011). Web design com XHTML, JavaScript e CSS (3ª ed.). Alfaomega, Ra-Ma.

Contreras-Espinosa,F.(2010). Ecossistemas Costeiros Ecosistemas Costeros Mexicanos: Uma atualização. UAM-Iztapalapa.

Díaz, P., Montero-Moreno, S., & Aedo, I. (2005). Web engineering and design patterns. Pearson Prentice Hall.

Garret, J. J. (2011). Os elementos da experiência do utilizador: design centrado no utilizador para a Web e mais além (2.ª ed.). New Riders Publishing.

IBM (2015). Software IBM SPSS. https://www.ibm.com/mx-es/spss JavaScript. (2016). Interações com JavaScript y jQuery. https://www.javascript.com/resources

Krick, E. V. (1972). Introdução à Engenharia e à Engenharia de Projectos (1ª ed.). LIMUSA-WILEY S.A.

Pavón, J. (2011). Criando um portal com PHP e MySQL (4ª ed.). Alfaomega.
Pérez-López, C. (2003). Administração de sítios e páginas Web com Macromedia Dreamweaver MX (1ª ed.). Alfaomega.

PHP.(2016). Hypertext Preprocessor (PHP).http://php.net/manual/es/intro- whatis.php

Roldán-Martínez, D., Valderas-Aranda, P. J., & Pastor-López, O. (2010). Aplicações Web: Uma abordagem prática (1.ª ed.). RA-MA S.A. Editorial y Publicaciones.

Shulz, R. G. (2009). Web Design com CSS (1ª ed.). Alfaomega.
Soria, R. (1998). Navegar en internet HTML 4: Diseño y creación de páginas web (1ª ed.). RA-MA S.A. Editorial y Publicaciones.

Universidad Autónoma Metropolitana (UAM Iztapalapa). (2014). http://www.izt.uam.mx/

Villeta-Molineaux, J. (2000). Desenho de projectos de engenharia (1ª ed.). Instituto Tecnológico de Santo Domingo.

w3schools.(2016). Decoração com folhas de folhas de estilo CSS3. https://www.w3schools.com/css/

w3schools. (2016). HTML5 HyperText Markup Language 5. https://www.w3schools.com/html/

WAMP (2016). Wamp Server. http://www.wampserver.com/en/

Anexo A. Motor de pesquisa e contador de utilizadores

Para este projeto, foi criada uma conta Gmail e foi feito um registo em https://cse.google.es/cse/ para obter o script que é inserido na página Web. Foi utilizado PHP no contador para manter o registo dos utilizadores em cada secção do site com um ficheiro de texto com extensão txt e o código.

Figura 1. Motor de pesquisa especializado.

```
<script>
(function() {
  var cx = '010974444259289757554:-sggw2h8ixq';
  var gcse = document.createElement('script');
  gcse.type = 'text/javascript';
  gcse.async = true;
  gcse.src = (document.location.protocol == 'https:' ? 'https:' : 'http:')
      + '//cse.google.com/cse.js?cx=' + cx;
  var s = document.getElementsByTagName('script')[0];
  s.parentNode.insertBefore(gcse, s);
})();
</script>
```

Figura 2. Código do script do motor de busca.

```
<?php
$maestro = fopen('container/contadorpri.rem','r+');//abrimos el archivo q cuenta los votos
$leer = fgets($maestro,20);//lo leemos
rewind($maestro);//ponemos el puntero al inicio del archivo
fputs($maestro,++$leer); //escribimos la linea leida mientras le aumentamos en uno
fclose($maestro);//cerramos el archivo
echo "CONTADOR ::: ", $leer, " :::";//imprimimos en pantalla la
?>
```

Figura 3. Código PHP para o contador de ocorrências.

Anexo B. Desenvolvimento de interfaces

B. 1 Implementação do texto Web

Para a página principal, foram utilizadas as etiquetas de código html5 e, para o texto, o ficheiro foi guardado com uma extensão HTML para visualização num navegador Web.

- código html para desenvolvimento web

```html
<!DOCTYPE html>
<html lang="es">
<head>
  <!-- Basic Page Needs
  ================================================== -->
      <meta charset="utf-8">
      <title>Centro de Documentación "Ecosistemas Litorales Mexicanos"</title>
  <!-- Mobile Specific Metas
  ================================================== -->
      <meta name="viewport" content="width=device-width, initial-scale=1, maximum-scale=1">
  <!-- CSS
  ================================================== -->
      <link rel="stylesheet" href="css/zerogrid.css">
      <link rel="stylesheet" href="css/style.css">
   <link rel="stylesheet" href="css/responsive.css">
      <link rel="stylesheet" href="css/responsiveslides.css" />
      <link href='./images/uam.ico' rel='icon' type='image/x-icon'/>
      <script src="js/jquery.min.js"></script>
      <script src="js/responsiveslides.js"></script>
      <script>
            $(function () {
              $("#slider").responsiveSlides({
                    auto: true,
                    pager: false,
                    nav: true,
                    speed: 500,
                    maxwidth: 962,
                    namespace: "centered-btns"
              });
            });

      </script>
</head>
<body>
<!-- -------------Header------------- -->
<header>
<div class="wrap-header zerogrid">
<div id="logo"><a href="index2.php"><img src="./images/logo_cdelm2.png"/></a></div>
<div         id="logo2"><a         href="http://www.iztapalapa.uam.mx/"         target="_black"><img
src="./images/logouamiorg.jpg"/></a></div>
              <div id="search">
<script>
 (function() {
  var cx = '010974444259289757554:-sggw2h8ixq';
  var gcse = document.createElement('script');
  gcse.type = 'text/javascript';
  gcse.async = true;
  gcse.src = (document.location.protocol == 'https:' ? 'https:' : 'http:') +
     '//cse.google.com/cse.js?cx=' + cx;
  var s = document.getElementsByTagName('script')[0];
  s.parentNode.insertBefore(gcse, s);
 })();
</script>
<gcse:searchbox-only></gcse:searchbox-only>

              </div>
       </div>
</header>
<nav>
       <div class="wrap-nav zerogrid">
              <div class="menu">
                    <ul>
```

```html
            </div>
        </div>
</header>
<nav>
        <div class="wrap-nav zerogrid">
            <div class="menu">
                <ul>
                        <li class="first current"><a href="index2.php">CDELM</a></li>
                        <li><a href="objetivos.php">Objetivos</a></li>
                        <li><a href="blog.php">Publicaciones</a></li>
                        <li><a href="colaboraciones.php">Colaboraciones</a></li>
                        <li><a href="services.php">Servicios</a></li>
                        <li><a href="single.php">¿Quienes somos?</a></li>
                        <li class="last"><a href="contact.php">Contacto</a></li>
                </ul>
            </div>
            <div class="minimenu"><div>MENU</div>
                <select onchange="location=this.value">
                    <option></option>
                    <option value="index2.php">CDELM</option>
                    <option value="objetivos.php">Objetivos</option>
                    <option value="blog.php">Publicaciones</option>
                    <option value="colaboraciones.php">Colaboraciones</option>
                    <option value="services.php">Servicios</option>
                    <option value="single.php">¿Quienes Somos?</option>


                    <option value="contact.php">Contacto</option>
                </select>
            </div>
        </div>
</nav>
<div class="featured">
        <div class="wrap-featured zerogrid">
            <div class="slider">
                <div class="rslides_container">
                    <ul class="rslides" id="slider">
                        <li><img src="images/slider/slider1.png"/></li>
                        <li><img src="images/slider/slider2.png"/></li>
                        <li><img src="images/slider/slider3.png"/></li>
                        <li><img src="images/slider/slider4.png"/></li>
                    </ul>
                </div>
            </div>
        </div>
</div>
<!-- -------------Content------------- -->
<section id="content">
        <div class="wrap-content zerogrid">
            <div class="row block01">
                <div class="col-full">
                    <div class="wrap-col">
                        <h2>¡ Bienvenido a CDELM !</h2>


                        <p>El Centro de Documentación Ecosistemas Litorales
Mexicanos (CDELM) presenta bibliografía compilada por el grupo de trabajo del laboratorio de
Ecosistemas Costeros en el Departamento de Hidrobiología de la Universidad Autónoma
Metropolitana-Iztapalapa. Es el más extenso acervo de información científica sobre ecosistemas
costeros como son: lagunas costeras, estuarios, pantanos, bahías y ensenadas.</p>
                        <p>El CDELM está constituido por un acervo informativo de
aproximadamente 6,200 referencias bibliográficas (con resumen anexo), incluidos todos los temas
científicos publicados acerca de estos ecosistemas. Un requisito indispensable de la información
capturada, es la de haber sido avalada en forma académica. Por esta razón, el banco de datos está
conformado: por artículos científicos, tesis de los diferentes grados, así como presentaciones en
congresos, reuniones y simposio de carácter científico, a nivel nacional e internacional; en cambio,
están excluidos los reportes técnicos y documentos afines.</p>
                    </div>
                </div>
            </div>
            <div class="row block02">
                <div class="col-1-3">
                    <div class="wrap-col box1">
                        <div class="redondo">
                        <img src="images/galeria.png" />
                        </div>
                        <h2>Galeria</h2>
                        <br>
```

```html
                                    <a class="button" href="galeria_i.php">Accede</a>
                            </div>
                    </div>
                    <div class="col-1-3">
                            <div class="wrap-col box2">
                                    <div class="redondo">
                                    <img src="images/db.png" />
                                    </div>
                                    <h2>Base de Datos</h2>
<!--<p>Bienvenidos a la BD de los ecosistemas costeros mexicanos ! ............. ............. .............
............. ............. ............. ............. ............. ............. ............. .............. patrocinado por el CDELM.
</p> -->
                                    <br>
                                    <a class="button"  href="bd.php">Accede</a>
                            </div>
                    </div>
                    <div class="col-1-3">
                            <div class="wrap-col box3">
                                    <div class="redondo">
                                    <img src="images/contacto.png" />
                                    </div>
                                    <h2>Contacto</h2>
<!--     <p>Aquí se puede ubicar el sitio de la Universidad, cómo ponerse en comunicación con los
administradores y más... </p> -->


                                    <br>
                                    <a class="button" href="contact.php">Accede</a>
                            </div>
                    </div>
            </div>
            <div class="row block03">
                    <div class="col-2-3">
                            <div class="wrap-col">
                                    <h2><a    href="index2.php">Proyecto    CDELM</a></h2>
                                    <img src="images/about.jpg" />
                                    <p>El    CDELM    es    un    proyecto    de    la    <a
href="http://cbs.izt.uam.mx/index.php?lang=es-ES" target="_blank"> División de Ciencias Biológicas y
de la Salud</a> de la <a href="http://www.iztapalapa.uam.mx/" target="_blank">Universidad Autónoma
Metropolitana - Iztapalapa. </a> La información del CDELM se somete a constante actualización.
Favor de citar y dar crédito a los autores del sitio, los compiladores y a los autores de los documentos
contenidos en la base de datos.</p>
                            </div>
                    </div>
                    <div class="col-1-3">
                            <div class="wrap-col">
                                    <h2>Servicios</h2>
                                    <ul>
                                            <li><a href="galeria_i.php">Galeria</a></li>
                                            <li><a href="bd.php">Base de datos</a></li>
                                            <li><a href="contact.php">Contacto</a></li>


                                    </ul>
                            </div>
                    </div>
            </div>
            <div class="row block04">
                    <div class="col-full">
                            <div class="wrap-col">
                                    <h2>-</h2>
                                    <div class="partners">
                                            <a href="http://cbs.izt.uam.mx/index.php?lang=es-ES"
target="_blank" ><img src="images/casadcbs.jpg" /></a>
                                            <a              href="http://www.iztapalapa.uam.mx/"
target="_blank" ><img src="images/casauam.jpg" /></a>
                                    </div>
                            </div>
                    </div>
            </div>
    </div>
</section>
<!-- ------------Footer------------ -->
<footer>
        <div class="wrap-footer">
                <div class="copyright">
                <p></p>
```

```html
<p>El <a href="index2.php" target="">CDELM</a> es un proyecto de la <a
href="http://www.iztapalapa.uam.mx/" target="_blank">División de Ciencias Biológicas y de la
Salud</a> de la <a href="http://www.iztapalapa.uam.mx/" target="_blank">Universidad Autónoma
Metropolitana - Iztapalapa.</a> </p>
        <p>La información del CDELM se somete a constante actualización. Favor de citar y dar crédito
a los autores del sitio, los compiladores </p>
            <p>a los autores de los documentos contenidos en la base de datos. Copyright © 2016 UAM-I
</p>
                        <?php
                        $maestro = fopen('container/contadorpri.rem','r+');//abrimos el archivo q cuenta
los votos
                        $leer = fgets($maestro,20);//lo leemos
                        rewind($maestro);//ponemos el puntero al inicio del archivo
                        fputs($maestro,++$leer); //escribimos la línea leída mientras le
                    aumentamos en uno
                        fclose($maestro);//cerramos el archivo
                        echo "CONTADOR ::: ", $leer, " ::: ";//imprimimos en pantalla la
                        ?>
            </div>
        </div>
</footer>
</body></html>
```

- ## Resultado anterior no browser depois de inserir o código

B.2 Implementação de folhas de estilo

- ## Código da folha de estilo

```css
/* ------------------Reset--------------------- */
a,abbr,acronym,address,applet,article,aside,audio,b,blockquote,big,body,center,canvas,caption,cite,co
de,command,datalist,dd,del,details,dfn,dl,div,dt,em,embed,fieldset,figcaption,figure,font,footer,form,h1,
h2,h3,h4,h5,h6,header,hgroup,html,i,iframe,img,ins,kbd,keygen,label,legend,li,meter,nav,object,ol,outp
ut,p,pre,progress,q,s,samp,section,small,span,source,strike,strong,sub,sup,table,tbody,tfoot,thead,th,tr
,tdvideo,tt,u,ul,var{background:transparent;border:0                                          none;font-
size:100%;margin:0;padding:0;border:0;outline:0;vertical-align:top;}ol, ul {list-style:none;}blockquote, q
{quotes:none;}table,    table    td    {padding:0;border:none;border-collapse:collapse;}img    {vertical-
align:top;}embed {vertical-align:top;}
article, aside, audio, canvas, command, datalist, details, embed, figcaption, figure, footer, header,
hgroup, keygen, meter, nav, output, progress, section, source, video {display:block;}
mark, rp, rt, ruby, summary, time {display:inline;}
input, textarea {border:0; padding:0; margin:0; outline: 0;}
iframe {border:0; margin:0; padding:0;}
input, textarea, select {margin:0; padding:0px;}


/* ------------------Font--------------------- */
/* ------------------Style--------------------- */
html, body {width:100%; padding:0; margin:0;}


/* body {background: #345A34 url("../images/agua961.jpg");color: #949494;font: 14px/25px Arial,
Helvetica, sans-serif;}*/
body {
    background: #345A34 url("../images/fondohecho.png") no-repeat fixed center  ;
    -webkit-background-size: cover;
    -moz-background-size: cover;
    -o-background-size: cover;
    background-size: cover;
    color: #FFFFFF;font: 14px/25px Arial, Helvetica, sans-serif;
}
a{color: #CDD6D7;text-decoration: none;}
a:hover {color: #4AA9C3; text-decoration: none;}
/* ++++++++++++++++++++++++++++++++ */
.clear{content: "\0020"; display: block; height: 0; clear: both; visibility: hidden; }
/* ------------------Header--------------------- */
header {}
header .wrap-header{height: 130px;}
header #logo {position:absolute; top:30px; width: 100%;}
header #logo2 {position:absolute; top:30px; left:350px; width: 100%;}
header #search {position: absolute;top: 80px; right:0px; width: 218px;z-index: 15;}
/* header .button-search {       position: absolute;       right: 0px;       background:
url('../images/button-search.png') center center no-repeat;        width:  28px;  height:   35px;cursor:
pointer;} */
```

```css
/* header #search input{background: #FFF;       padding: 1px 33px 1px 5px;      width: 182px;   height:
32px;   border: 1px solid #CCCCCC;   -webkit-border-radius: 3px;      -moz-border-radius:   3px;   -
khtml-border-radius: 3px;       border-radius: 3px;}
*/
/* --------------------------------------------- */
/* ------------------Navigation---------------- */
nav {margin-top:20px;}
nav .wrap-nav{height: 58px;background:url("../images/nav.jpg"); border:3px solid #555555;}


.menu ul {list-style: none;margin: 0;padding: 0;}
.menu  ul li{position: relative;float: left;padding: 17px 10px 10px 10px; border-right:1px solid #53b2c3;
border-left:1px solid #82ceda; background:url("../images/nav-transp.png"); }
.menu ul li.first{border-left:none !important}
.menu ul li.last{border-right:none !important}
.menu  ul li:hover, .menu .current {background:url("../images/nav-current.jpg"); border-right:#000000
1px solid; border-left:#000000 1px solid;}
.menu  ul li a {font-size: 18px; line-height:14px;color:#ffffff;display: block;padding: 6px 10px;margin-
bottom: 5px;z-index: 6;position: relative; font-family: Impact,Charcoal,sans-serif; font-weight: normal;}
.menu  ul li:hover a {}


.minimenu{display:none;}
.minimenu{position: relative;margin: 0px;background:#333333; border: 1px solid #CCC;}
.minimenu div{overflow: hidden;position: relative;font: 18px/40px 'PT Sans Narrow';color: #ffffff;text-
align:center;text-transform:uppercase;font-weight:bold;}
.minimenu  select{position: absolute;top: 0px;left: 0px;width: 100%;height: 100%; opacity: 0;filter:
progid:DXImageTransform.Microsoft.Alpha(opacity=0); cursor: pointer;}

.share{ float: right;}
.share ul{list-style: none;margin: 0;padding: 0;}
.share ul li{position:relative; float:left; padding-right:5px;}
/* ------------------Navigation---------------- */

.featured{margin:30px auto;}
.featured .wrap-featured{background:#333;}
.featured .wrap-featured .slider{}
/* ------------------Content---------------- */
#content {}
#content .wrap-content{}

.block01 {margin:20px 10px; padding:30px; border-bottom:1px dashed #CCC; border-top:1px dashed
#CCC;}
.block01    h2{text-align:center;      font-size:30px;      line-height:35px;      color:#ffffff;      font-family:
Impact,Charcoal,sans-serif; font-weight: normal;}
.block01 p{font-size:20px; text-align:center; line-height:25px;}
.block01 a{color:#5FBCCD;}

.block02 {margin:20px 10px; text-align:center;}
.block02 h2{font-size:24px; line-height:30px; color:#ffffff; font-family: Impact,Charcoal,sans-serif; font-
weight: normal;}


.block02 p{font-size:16px; margin: 20px 0px; }
.block02 a{font-size: 24px;  color: #ffffff; font-family: Impact,Charcoal,sans-serif; font-weight: normal;}
.block02 .box1{background: #4AA9C3; color: #B7DDE8; padding: 30px; border: 3px solid #555555;}
.block02 .box1 a:hover{color:#B7DDE8;}
.block02 .box2{background: #C0604D; color: #E5B9B8; padding: 30px; border: 3px solid #555555;}
.block02 .box2 a:hover{color:#E5B9B8;}
.block02 .box3{background: #9BBB59; color: #D6E3BC; padding: 30px; border: 3px solid #555555;}
.block02 .box3 a:hover{color:#D6E3BC;}

.block03 {margin:20px 10px;}
.block03    h2{font-size:24px;    line-height:30px;    color:  #ffffff;    margin-bottom: 20px;   font-family:
Impact,Charcoal,sans-serif; font-weight: normal;}
.block03 img{float:left; margin:0px 10px 10px 0px; border: 3px solid #555555;}
.block03 ul{list-style-type:none;}
.block03 ul li{border-left: 3px solid #E1E1E1; padding:5px; margin-bottom: 5px; padding-left: 10px;}
.block03 ul li:hover{border-left: 3px solid #4AA9C3;}

.block04 {margin:20px 10px;}
.block04    h2{font-size:24px;    line-height:30px;    color:  #ffffff;    margin-bottom: 20px;   font-family:
Impact,Charcoal,sans-serif; font-weight: normal;}
.block04 .partners a{display: block; float:left; margin: 0px 28px 10px 0px; position: relative;}
.block04 .partners a img{display:block; border:3px solid #555555;}
```

```css
.block{ margin:10px;}

#main-content{}
#main-content article{clear: both;}
#main-content article .heading{}
#main-content article .content{}
#main-content article a{color: #ffffff;}
#main-content article h2{font-size:20px; line-height:30px; color: #ffffff; margin-bottom: 20px; font-family:
Impact,Charcoal,sans-serif; font-weight: normal;}
#main-content article img{ float:left; margin:0px 10px 10px 0px; border: 3px solid #555555;}
#main-content article p{margin-bottom:10px;}
#main-content article .more{float: right; margin-bottom: 30px;}
#main-content article a.comments{cursor: pointer;color: #ffffff; display: inline-block; padding: 6px 12px
6px 12px; font-size: 18px; font-family: Impact,Charcoal,sans-serif; font-weight: normal;}

#sidebar{}
#sidebar .box{margin-bottom:20px;}
#sidebar .heading{}
#sidebar .heading h2{font-size:24px; line-height:30px; color: #ffffff; margin-bottom: 20px; font-family:
Impact,Charcoal,sans-serif; font-weight: normal;}
/* #sidebar .heading h2{font-size:24px; line-height:30px; color: #ffffff; margin-bottom: 20px; font-family:
Impact,Charcoal,sans-serif; font-weight: normal; text-transform: uppercase ;} */
#sidebar .content{padding:15px}
#sidebar .content img{float:left; margin:0px 10px 10px 0px; border: 3px solid #555555;}
#sidebar .content ul{list-style-type:none;}
.block{ margin:10px;}

#main-content{}
#main-content article{clear: both;}
#main-content article .heading{}
#main-content article .content{}
#main-content article a{color: #ffffff;}
#main-content article h2{font-size:20px; line-height:30px; color: #ffffff; margin-bottom: 20px; font-family:
Impact,Charcoal,sans-serif; font-weight: normal;}
#main-content article img{ float:left; margin:0px 10px 10px 0px; border: 3px solid #555555;}
#main-content article p{margin-bottom:10px;}
#main-content article .more{float: right; margin-bottom: 30px;}
#main-content article a.comments{cursor: pointer;color: #ffffff; display: inline-block; padding: 6px 12px
6px 12px; font-size: 18px; font-family: Impact,Charcoal,sans-serif; font-weight: normal;}

#sidebar{}
#sidebar .box{margin-bottom:20px;}
#sidebar .heading{}
#sidebar .heading h2{font-size:24px; line-height:30px; color: #ffffff; margin-bottom: 20px; font-family:
Impact,Charcoal,sans-serif; font-weight: normal;}
/* #sidebar .heading h2{font-size:24px; line-height:30px; color: #ffffff; margin-bottom: 20px; font-family:
Impact,Charcoal,sans-serif; font-weight: normal; text-transform: uppercase ;} */
#sidebar .content{padding:15px}
#sidebar .content img{float:left; margin:0px 10px 10px 0px; border: 3px solid #555555;}
#sidebar .content ul{list-style-type:none;}
.block{ margin:10px;}

#main-content{}
#main-content article{clear: both;}
#main-content article .heading{}
#main-content article .content{}
#main-content article a{color: #ffffff;}
#main-content article h2{font-size:20px; line-height:30px; color: #ffffff; margin-bottom: 20px; font-family:
Impact,Charcoal,sans-serif; font-weight: normal;}
#main-content article img{ float:left; margin:0px 10px 10px 0px; border: 3px solid #555555;}
#main-content article p{margin-bottom:10px;}
#main-content article .more{float: right; margin-bottom: 30px;}
#main-content article a.comments{cursor: pointer;color: #ffffff; display: inline-block; padding: 6px 12px
6px 12px; font-size: 18px; font-family: Impact,Charcoal,sans-serif; font-weight: normal;}

#sidebar{}
#sidebar .box{margin-bottom:20px;}
#sidebar .heading{}
#sidebar .heading h2{font-size:24px; line-height:30px; color: #ffffff; margin-bottom: 20px; font-family:
Impact,Charcoal,sans-serif; font-weight: normal;}
/* #sidebar .heading h2{font-size:24px; line-height:30px; color: #ffffff; margin-bottom: 20px; font-family:
Impact,Charcoal,sans-serif; font-weight: normal; text-transform: uppercase ;} */
#sidebar .content{padding:15px}
#sidebar .content img{float:left; margin:0px 10px 10px 0px; border: 3px solid #555555;}
#sidebar .content ul{list-style-type:none;}
```

```css
.block{ margin:10px;}

#main-content{}
#main-content article{clear: both;}
#main-content article .heading{}
#main-content article .content{}
#main-content article a{color: #ffffff;}
#main-content article h2{font-size:20px; line-height:30px; color: #ffffff; margin-bottom: 20px; font-family:
Impact,Charcoal,sans-serif; font-weight: normal;}
#main-content article img{ float:left; margin:0px 10px 10px 0px; border: 3px solid #555555;}
#main-content article p{margin-bottom:10px;}
#main-content article .more{float: right; margin-bottom: 30px;}
#main-content article a.comments{cursor: pointer;color: #ffffff; display: inline-block; padding: 6px 12px
6px 12px; font-size: 18px; font-family: Impact,Charcoal,sans-serif; font-weight: normal;}

#sidebar{}
#sidebar .box{margin-bottom:20px;}
#sidebar .heading{}
#sidebar .heading h2{font-size:24px; line-height:30px; color: #ffffff; margin-bottom: 20px; font-family:
Impact,Charcoal,sans-serif; font-weight: normal;}
/* #sidebar .heading h2{font-size:24px; line-height:30px; color: #ffffff; margin-bottom: 20px; font-family:
Impact,Charcoal,sans-serif; font-weight: normal; text-transform: uppercase ;} */
#sidebar .content{padding:15px}
#sidebar .content img{float:left; margin:0px 10px 10px 0px; border: 3px solid #555555;}
#sidebar .content ul{list-style-type:none;}


#sidebar .content ul li{border-left: 3px solid #E1E1E1; margin-bottom: 5px; padding-left: 10px ; margin-
left: 5px;}
#sidebar .content ul li:hover{border-left: 3px solid #4AA9C3;}
#sidebar .content .post { margin-bottom: 20px;}
#sidebar .content .post h4{ font-size:14px; font-weight:normal;}
#sidebar .content .post img{ float:left; border: 3px solid #555555; margin-right:10px;}
#sidebar .content .post p{color:#A3A3A3; font-style:italic;}
/* -------------------------------------- */
/* ----------------Footer--------------- */
footer {background-color:#333;}
.wrap-footer{}
.copyright{text-align:center; background:#333333; padding:10px 0px;color:#ffffff; }
.copyright a{text-decoration:underline; color:#ffffff; }

/* -------------------------------------- */
/* ----------------Components--------------- */
.photos{}
.photos:after{content: "\0020"; display: block; height: 0; clear: both; visibility: hidden; }
.photos a{display: block; float:left; margin: 0px 4px 10px 4px;position: relative;}
.photos a img{display:block; border:1px solid #CCC;}

#pagi{margin: 50px auto; padding: 30px 0px;list-style: none;width: 250px;}
#pagi li {float: left;margin-right: 10px;}
#pagi li a {display: block;        text-decoration: none; color: #717171;font: bold 16px Arial, sans-
serif;padding: 10px 13px; background: #ffffff;}
#pagi li a.current, #pagi li a:hover {color: #ffffff;  background: #4AA9C3;}


.comment{font-weight:bold; margin:50px 0px; width: auto;}
.comment div{margin-bottom: 20px; vertical-align:middle; }
.comment input{border: 2px solid #999999;padding: 8px 10px;width:250px;}
.comment textarea{border: 2px solid #999999;padding: 8px 10px;width:95%;}
.comment input[type="submit"] {cursor: pointer; width:100px; float:right;
        background: -webkit-linear-gradient(top, #efefef, #ddd);background: -moz-linear-gradient(top,
#efefef, #ddd);
        background: -ms-linear-gradient(top, #efefef, #ddd);background: -o-linear-gradient(top, #efefef,
#ddd);
        background: linear-gradient(top, #efefef, #ddd);
        color: #333;text-shadow: 0px 1px 1px rgba(255,255,255,1);     border: 2px solid #999999;}
.comment input[type="submit"]:hover {
        background: -webkit-linear-gradient(top, #eee, #ccc);   background: -moz-linear-gradient(top,
#eee, #ccc);
        background: -ms-linear-gradient(top, #eee, #ccc);        background:        -o-linear-gradient(top,
#eee, #ccc);
        background: linear-gradient(top, #eee, #ccc);   border: 2px solid #bbb;}
.comment input[type="submit"]:active {
        background: -webkit-linear-gradient(top, #ddd, #aaa);   background: -moz-linear-gradient(top,
#ddd, #aaa);
        background: -ms-linear-gradient(top, #ddd, #aaa);        background:        -o-linear-gradient(top,
#ddd, #aaa);
```

```css
      background: linear-gradient(top, #ddd, #aaa);    border: 2px solid #999;}

/* ++++++++++++++++++++++++++++++++++++++++++++++++++++++++++++ BOTONES  NUEVOS
+++++++++++++++++++++++++++++++++++ */
a.button {
  border-top: 1px solid #96d1f8;
  background: #65a9d7;
  background: -webkit-gradient(linear, left top, left bottom, from(#3e779d), to(#65a9d7));
  background: -webkit-linear-gradient(top, #3e779d, #65a9d7);
  background: -moz-linear-gradient(top, #3e779d, #65a9d7);
  background: -ms-linear-gradient(top, #3e779d, #65a9d7);
  background: -o-linear-gradient(top, #3e779d, #65a9d7);
  padding: 8px 16px;
  -webkit-border-radius: 9px;
  -moz-border-radius: 9px;
  border-radius: 9px;
  -webkit-box-shadow: rgba(0,0,0,1) 0 1px 0;
  -moz-box-shadow: rgba(0,0,0,1) 0 1px 0;
  box-shadow: rgba(0,0,0,1) 0 1px 0;
  text-shadow: rgba(0,0,0,.4) 0 1px 0;
  color: white;
  font-size: 18px;
  font-family: 'Lucida Grande', Helvetica, Arial, Sans-Serif;
  text-decoration: none;
  vertical-align: middle;
  }
a.button:hover {
  border-top-color: #28597a;
  background: #28597a;
  color: #ccc;
  }


  a.button:active {
    border-top-color: #1b435e;
    background: #1b435e;
    }
/* ---------------------------- Imágenes redondeando ---------------------------- */
.redondo img {
border: 2px solid grey;
margin: 0;
padding: 0;
border-radius: 800px;
overflow: hidden;
}
```

Anexo C. Instalação do WAMP

O processo consiste em 11 passos simples:

1. Descarregar o ficheiro de instalação do sítio Web
http://www.wampserver.es/. O Windows instala automaticamente a
versão 5.4.3 do PHP, a versão 2.2.22 do Apache e a versão 5.5.24 do
MySQL.

2. Início do processo de instalação.

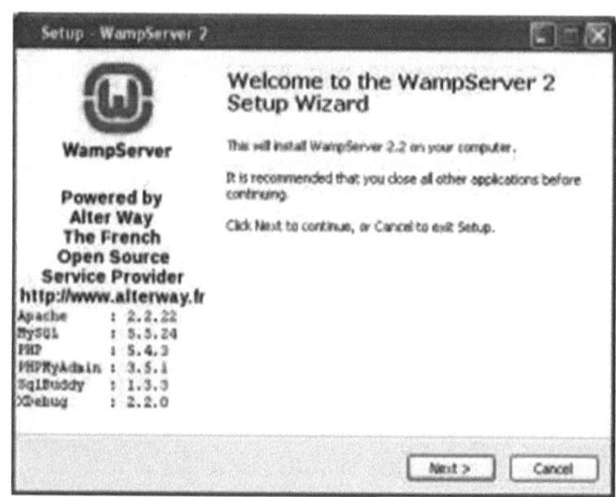

3. Clique no botão "Next" (Seguinte) para visualizar a licença do WAMP
Server.

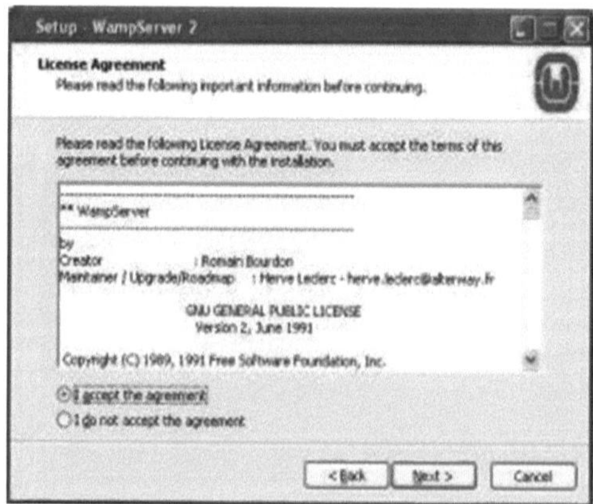

4. Seleção do diretório para a instalação do servidor.

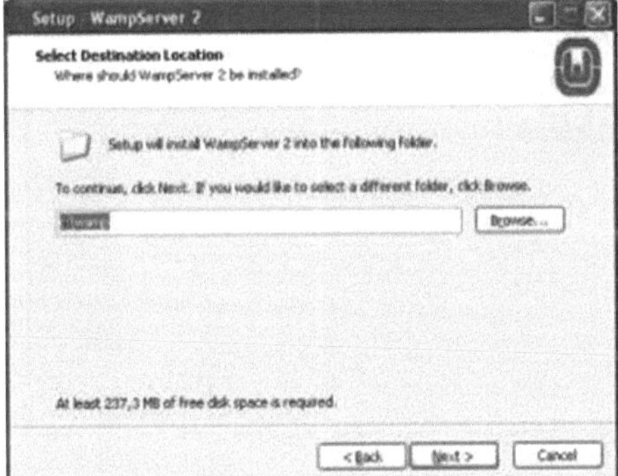

5. Criação de um ícone predefinido "Criar um ícone de arranque rápido".

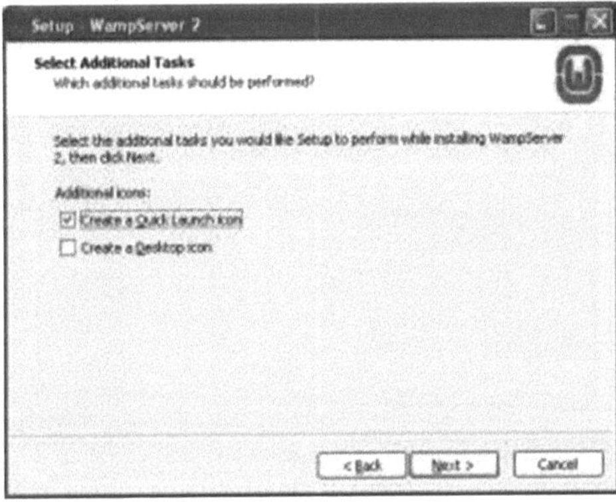

6. Vista geral da instalação.

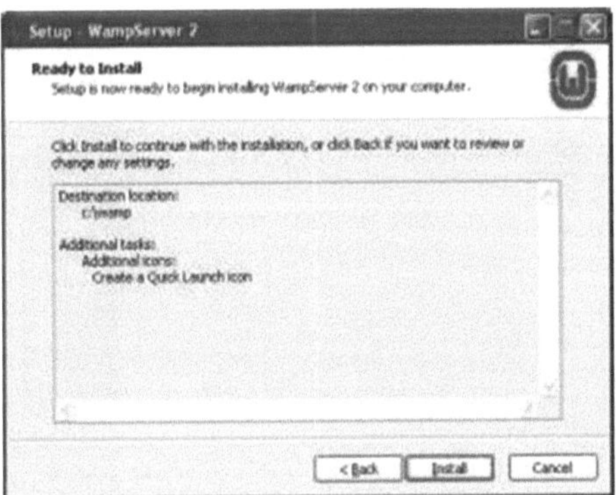

7. Instalação do servidor WAMP.

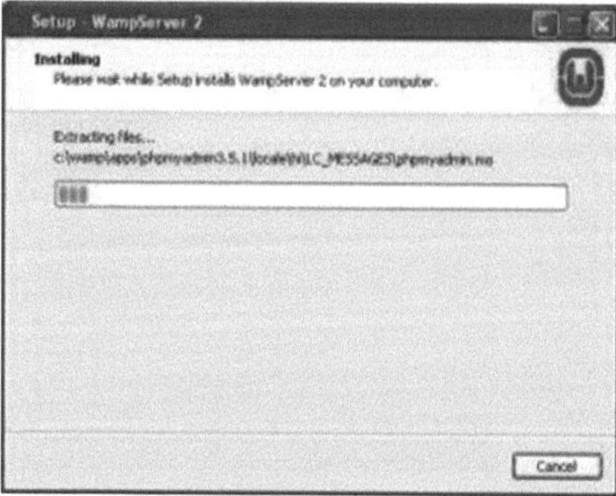

8. Procurar o diretório onde o servidor está instalado.

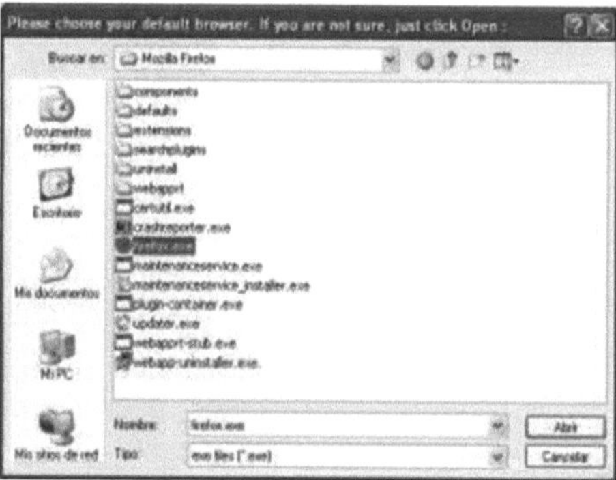

9. Conceda permissões ao Apache e desbloqueie-o. Configure as definições de SMTP escrevendo "localhost" e um e-mail.

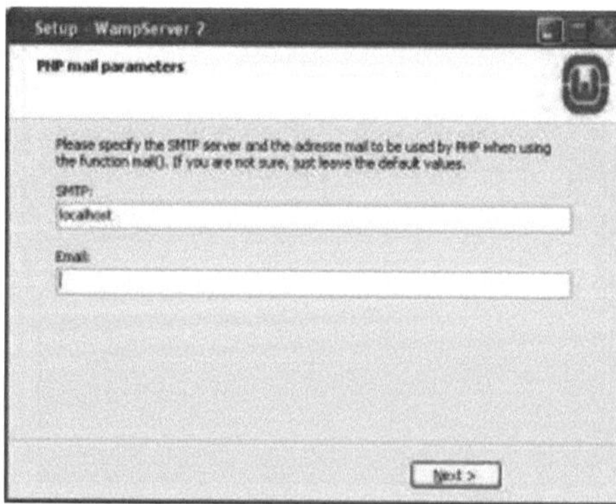

10. Termine a instalação do WAMP Server. Clique em "Launch
WampServer 2 now" se quiser que ele seja executado após a instalação.

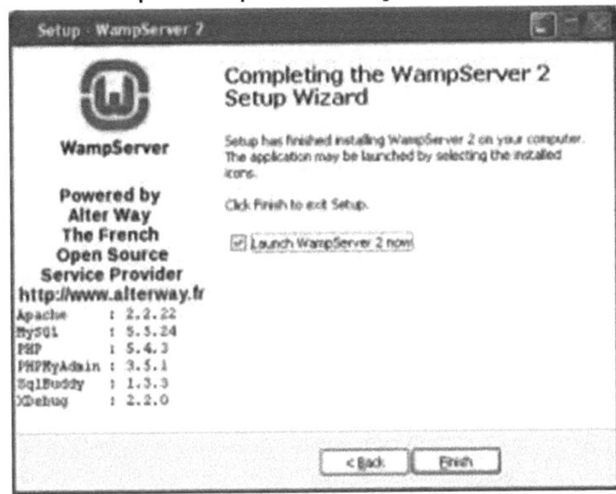

11. Acedendo a partir do browser ao seguinte endereço http://localhost
encontrará a seguinte imagem que mostra que o WAMPServer está
corretamente instalado e a funcionar.

More
Books!

info@omniscriptum.com
www.omniscriptum.com
OMNIScriptum